This Book B

Dive # _____   **Date:** ___ / ___ / _____

Weather

Visibility: 1 ☐   2 ☐   3 ☐   4 ☐   5 ☐

☀ ☐   ⛅ ☐   🌤 ☐   🌧 ☐   🌧 ☐   🌨 ☐   🌡 _____   🚩 _____

Location: _____

Site: _____

Buddy: _____

☐ **Recreational**

☐ **Didactic**

Start: _____ ➡ _____ ➡ _____ **end**

Start bar _____

Avg: _____

max: _____

Deco stop

_____

_____

End bar _____

Surf. time : _____

_____

Tank: _____   **Suit:** _____

Computer: _____   **Weight:** _____   ☐ =   ☐ +   ☐ -

N O T E S

....

....

....

....

....

....

....

....

....

....

Dive # _____ Date: ___ / ___ / _____

Weather

Visibility:
☐ 1 ☐ 2 ☐ 3 ☐ 4 ☐ 5

☐ ☐ ☐ ☐ ☐ ☐   _____ 🚩

Location: _____

Site: _____   ☐ Recreational

Buddy: _____   ☐ Didactic

Start: _____ → _____ → _____ end

Start bar _____   End bar _____

Deco stop

Avg: _____   _____   Surf. time : _____

max: _____   _____

Tank: _____   Suit: _____

Computer: _____   Weight: _____   ☐ =   ☐ +   ☐ -

NOTES

Dive # _____ Date: ___ / ___ / ___

Weather

Visibility:

☐ 1   ☐ 2   ☐ 3   ☐ 4   ☐ 5

_____

☐   ☐   ☐   ☐   ☐   ☐   _____   _____

Location: _____

Site: _____

Buddy: _____

☐ Recreational

☐ Didactic

Start: _____ ➡ _____ ➡ _____ end

Start bar _____

Avg: _____

max: _____

Deco stop

_____

_____

End bar _____

Surf. time : _____

_____

Tank: _____   Suit: _____

Computer: _____   Weight: _____   ☐ =   ☐ +   ☐ -

NOTES

....

....

....

....

....

....

....

....

....

Dive # _____   **Date:** ___ / ___ / ___

Weather

Visibility: □1 □2 □3 □4 □5 _____

□ □ □ □ □ □ 🌡 _____ ⚑

Location: _____

Site: _____   □ **Recreational**

Buddy: _____   □ **Didactic**

Start: _____ ➜ _____ ➜ _____ **end**

Start bar _____

Deco stop
_____
_____
_____

End bar _____

Surf. time : _____

Avg: _____

max: _____

Tank: _____   **Suit:** _____

Computer: _____   **Weight:** _____   □ =   □ +   □ -

N O T E S

_____
_____
_____
_____
_____
_____
_____
_____
_____
_____

Dive # _____   Date: ____/____/____

Weather

Visibility:
□1   □2   □3   □4   □5
[gradient bar] _____

□   □   □   □   □   □   🌡_____   🚩_____

Location: _____

Site: _____   □ Recreational

Buddy: _____   □ Didactic

Start: _____ ➡ _____ ➡ _____ end

Start bar _____

Deco stop

End bar _____

Avg: _____   _____   Surf. time : _____

max: _____   _____

Tank: _____ Suit: _____

Computer: _____ Weight: _____   □ =   □ +   □ -

```
N O T E S
.................................................
.................................................
.................................................
.................................................
.................................................
.................................................
.................................................
.................................................
.................................................
```

Dive # _____   **Date:** ___ / ___ / ___

Weather

Visibility:
☐ 1   ☐ 2   ☐ 3   ☐ 4   ☐ 5   _____

☐   ☐   ☐   ☐   ☐   ☐   🌡️ _____   🚩 _____

Location: _____

Site: _____   ☐ **Recreational**

Buddy: _____   ☐ **Didactic**

Start: _____ ➡️ _____ ➡️ _____   *end*

Start bar _____   *End bar* _____

Deco stop

Avg: _____   *Surf. time :* _____

max: _____

Tank: _____   *Suit:* _____

Computer: _____   *Weight:* _____   ☐ =   ☐ +   ☐ -

N O T E S

....
....
....
....
....
....
....
....
....
....

Dive #	Date: / /

Weather

Visibility:
1   2   3   4   5

Location:

Site:

Buddy:

☐ Recreational
☐ Didactic

Start: ➡ ➡ end

Start bar

Deco stop

End bar

Avg:

Surf. time :

max:

Tank: Suit:

Computer: Weight: ☐ =   ☐ +   ☐ -

NOTES

Dive # _____   *Date:* ____ / ____ / ____

Weather

Visibility: □ □ □ □ □
              1   2   3   4   5
              [gradient bar]

□   □   □   □   □   □   [thermometer] _____   [flag] _____

Location: _____

Site: _____   □ *Recreational*

Buddy: _____   □ *Didactic*

Start: _____ ➔ _____ ➔ _____   *end*

Start bar _____   *End bar* _____

                        Deco stop

Avg: _____   *Surf. time :* _____

max: _____

Tank: _____   *Suit:* _____

Computer: _____   *Weight:* _____   □ =   □ +   □ -

N O T E S

....
....
....
....
....
....
....
....
....
....

Dive # _____   **Date:** ___ / ___ / _____

Weather

Visibility:
1   2   3   4   5 _____

☐ ☐ ☐ ☐ ☐ ☐   🌡 _____   ⚑ _____

Location: _____

Site: _____

Buddy: _____

☐ **Recreational**
☐ **Didactic**

Start: _____ ➡ _____ ➡ _____ **end**

Start bar _____

Deco stop

End bar _____

Avg: _____ _____ **Surf. time :** _____

max: _____ _____ _____

Tank: _____ **Suit:** _____

Computer: _____ **Weight:** _____ ☐ = ☐ + ☐ -

NOTES

....
....
....
....
....
....
....
....
....
....

Dive # _____   Date: ___ / ___ / _____

Weather

Visibility: □1 □2 □3 □4 □5

□ □ □ □ □ □   🌡 _____   🚩 _____

Location: _____

Site: _____   □ Recreational

Buddy: _____   □ Didactic

Start: _____ ➡ _____ ➡ _____ end

Start bar _____   End bar _____

Deco stop   Surf. time : _____

Avg: _____

max: _____

Tank: _____   Suit: _____

Computer: _____   Weight: _____   □ =   □ +   □ -

N O T E S

_____
_____
_____
_____
_____
_____
_____
_____
_____
_____

Dive # _____   **Date:** _____ / _____ / _____

Weather

Visibility:

☐ 1   ☐ 2   ☐ 3   ☐ 4   ☐ 5

☐   ☐   ☐   ☐   ☐   ☐   _____   _____

Location: _____

Site: _____   ☐ **Recreational**

Buddy: _____   ☐ **Didactic**

Start: _____ ➜ _____ ➜ _____ **end**

Start bar _____

Avg: _____

max: _____

Deco stop
_____
_____

End bar _____

Surf. time : _____

Tank: _____   **Suit:** _____

Computer: _____   **Weight:** _____   ☐ =   ☐ +   ☐ -

NOTES

....
....
....
....
....
....
....
....
....
....
....

Dive # _____   Date: ___/___/_____

Weather

Visibility:
□1 □2 □3 □4 □5

□ □ □ □ □ □ 🌡 _____ 🚩 _____

Location: _____

Site: _____   □ Recreational

Buddy: _____   □ Didactic

Start: _____ ➤ _____ ➤ _____ end

Start bar _____   End bar _____

Deco stop

Avg: _____   _____   Surf. time : _____

max: _____   _____

Tank: _____   Suit: _____

Computer: _____   Weight: _____   □ = □ + □ -

NOTES

....
....
....
....
....
....
....
....
....
....

Dive # _____   **Date:** ____ / ____ / _____

Weather

Visibility:

    ☐   ☐   ☐   ☐   ☐
    1   2   3   4   5

☐   ☐   ☐   ☐   ☐   ☐

Location: _____

Site: _____

Buddy: _____

☐ **Recreational**

☐ **Didactic**

Start: _____ ➡ _____ ➡ _____ **end**

Start bar _____

Deco stop
_____
_____

End bar _____

Surf. time : _____

Avg: _____

max: _____

Tank: _____   **Suit:** _____

Computer: _____   **Weight:** _____   ☐ =   ☐ +   ☐ -

NOTES

....
....
....
....
....
....
....
....
....
....

Dive # _____   *Date:* ___ / ___ / _____

Weather

Visibility: □1   □2   □3   □4   □5 _____

□   □   □   □   □   □   🌡 _____   ⚑ _____

Location: _____

Site: _____   □ *Recreational*

Buddy: _____   □ *Didactic*

Start: _____ ➡ _____ ➡ _____ *end*

Start bar _____   *Deco stop*   *End bar* _____

Avg: _____   _____   *Surf. time :* _____

max: _____   _____   _____

Tank: _____   *Suit:* _____

Computer: _____   *Weight:* _____   □ =   □ +   □ -

N O T E S

....
....
....
....
....
....
....
....
....
....
....

Dive # _____   Date: ___/___/___

Weather

Visibility:
□ 1   □ 2   □ 3   □ 4   □ 5

□   □   □   □   □   □   🌡️ _____   🚩 _____

Location: _____

Site: _____

Buddy: _____   □ Recreational
                                              □ Didactic

Start: _____ ➜ _____ ➜ _____ end

Start bar _____   End bar _____

                 Deco stop

Avg: _____   Surf. time : _____

max: _____

Tank: _____   Suit: _____

Computer: _____   Weight: _____   □ =   □ +   □ -

NOTES

....
....
....
....
....
....
....
....
....
....

Dive # _____ *Date:* ____ / ____ / ____

Weather

Visibility:
☐ 1 ☐ 2 ☐ 3 ☐ 4 ☐ 5

☐ ☀ ☐ ⛅ ☐ 🌤 ☐ 🌦 ☐ 🌧 ☐ 🌨 🌡 _____ 🚩 _____

Location: _____

Site: _____   ☐ *Recreational*

Buddy: _____   ☐ *Didactic*

Start: _____ ➔ _____ ➔ _____ *end*

Start bar _____

Avg: _____   *Deco stop* _____

max: _____   _____

End bar _____

Surf. time : _____

Tank: _____   *Suit:* _____

Computer: _____   *Weight:* _____   ☐ =   ☐ +   ☐ -

NOTES

....
....
....
....
....
....
....
....
....
....

Dive # _____   **Date:** _____ / _____ / _____

Weather

Visibility: 1   2   3   4   5

Location: _____

Site: _____

Buddy: _____

☐ **Recreational**

☐ **Didactic**

Start: _____ ➜ _____ ➜ _____ **end**

Start bar _____

Deco stop

End bar _____

Avg: _____

Surf. time : _____

max: _____

Tank: _____ **Suit:** _____

Computer: _____ **Weight:** _____   ☐ =   ☐ +   ☐ -

N O T E S

....
....
....
....
....
....
....
....
....

Dive # _____   **Date:** ___ / ___ / _____

Weather

Visibility:

☐ 1   ☐ 2   ☐ 3   ☐ 4   ☐ 5

☐   ☐   ☐   ☐   ☐   ☐   🌡 _____   🚩 _____

Location: _____

Site: _____   ☐ **Recreational**

Buddy: _____   ☐ **Didactic**

Start: _____ ➤ _____ ➤ _____ **end**

Start bar _____   **End bar** _____

                    Deco stop

Avg: _____   _____   **Surf. time :** _____

max: _____   _____

Tank: _____   **Suit:** _____

Computer: _____   **Weight:** _____   ☐ =   ☐ +   ☐ -

N O T E S

Dive # _____   Date: ___ / ___ / ___

Weather

Visibility:
☐1   ☐2   ☐3   ☐4   ☐5

☐   ☐   ☐   ☐   ☐   ☐   _____   _____

Location: _____

Site: _____

Buddy: _____

☐ Recreational
☐ Didactic

Start: _____ ➜ _____ ➜ _____ end

Start bar _____   End bar _____

Deco stop

Avg: _____   Surf. time : _____

_____

max: _____   _____

Tank: _____   Suit: _____

Computer: _____   Weight: _____   ☐ =   ☐ +   ☐ -

NOTES

....
....
....
....
....
....
....
....
....
....

Dive # _____   Date: ____ / ____ / ____

Weather

Visibility:
1 ☐   2 ☐   3 ☐   4 ☐   5 ☐

☐   ☐   ☐   ☐   ☐   ☐

🌡 _____   ⚑ _____

Location: _____

Site: _____   ☐ Recreational

Buddy: _____   ☐ Didactic

Start: _____ ➜ _____ ➜ _____ end

Start bar _____   End bar _____

Deco stop

Avg: _____   _____   Surf. time : _____

max: _____   _____

Tank: _____   Suit: _____

Computer: _____   Weight: _____   ☐ =   ☐ +   ☐ -

N O T E S

....
....
....
....
....
....
....
....
....
....
....

Dive # _____   *Date:* ___ / ___ / _____

Weather

Visibility:

☐ 1   ☐ 2   ☐ 3   ☐ 4   ☐ 5

☐   ☐   ☐   ☐   ☐   ☐

Location: ....

Site: ....

Buddy: ....

☐ *Recreational*

☐ *Didactic*

Start: _____ ➡ _____ ➡ _____ *end*

Start bar _____

Deco stop

_____

_____

Avg: _____

max: _____

End bar _____

Surf. time : _____

_____

Tank: _____ *Suit:* _____

Computer: _____ *Weight:* _____   ☐ =   ☐ +   ☐ -

NOTES

....

....

....

....

....

....

....

....

....

....

Dive # _____ **Date:** ___ / ___ / ___

Weather

Visibility: 1   2   3   4   5 _____

Location: _____

Site: _____ ☐ **Recreational**

Buddy: _____ ☐ **Didactic**

Start: _____ ➜ _____ ➜ _____ **end**

Start bar _____   **Deco stop**   **End bar** _____

Avg: _____   _____   **Surf. time :** _____

max: _____   _____   _____

Tank: _____   **Suit:** _____

Computer: _____   **Weight:** _____ ☐ =   ☐ +   ☐ -

NOTES

_____
_____
_____
_____
_____
_____
_____
_____
_____
_____

Dive # _____   **Date:** _____ / _____ / _____

Weather

□ 1   □ 2   □ 3   □ 4   □ 5

Visibility: [_____] _____

□   □   □   □   □   □   🌡 _____   ⚑ _____

Location: _____

Site: _____   □ **Recreational**

Buddy: _____   □ **Didactic**

Start: _____ ➤ _____ ➤ _____ **end**

Start bar _____   **End bar** _____

Deco stop

Avg: _____   _____   **Surf. time :** _____

max: _____   _____

Tank: _____   **Suit:** _____

Computer: _____   **Weight:** _____   □ =   □ +   □ -

N O T E S

....
....
....
....
....
....
....
....
....
....

Dive # _____   Date: ___ / ___ / ___

Weather

Visibility:

☐ 1   ☐ 2   ☐ 3   ☐ 4   ☐ 5   _____

☐   ☐   ☐   ☐   ☐   ☐   🌡 _____   🚩 _____

Location: _____

Site: _____   ☐ Recreational

Buddy: _____   ☐ Didactic

Start: _____ ➡ _____ ➡ _____ end

Start bar _____   Deco stop   End bar _____

Avg: _____   _____   Surf. time : _____

max: _____   _____

Tank: _____ Suit: _____

Computer: _____ Weight: _____   ☐ =   ☐ +   ☐ -

NOTES
....
....
....
....
....
....
....
....
....
....

Dive # _____   Date: ___ / ___ / _____

Weather

Visibility: □ □ □ □ □
             1   2   3   4   5
             [_____] _____

□   □   □   □   □   □   🌡 _____   🚩 _____

Location: _____

Site: _____   □ Recreational

Buddy: _____   □ Didactic

Start: _____ ➡ _____ ➡ _____ end

Start bar _____   End bar _____

                 Deco stop   Surf. time : _____

Avg: _____

max: _____   _____   _____

Tank: _____   Suit: _____

Computer: _____   Weight: _____   □ =   □ +   □ -

N O T E S

....
....
....
....
....
....
....
....
....

Dive # _____ *Date:* ___/___/___

Weather

Visibility: [1] [2] [3] [4] [5] _____

☀ ☁ ⛅ 🌦 🌧 🌨 🌡 _____ 🚩 _____

Location: _____

Site: _____

☐ *Recreational*

Buddy: _____

☐ *Didactic*

Start: _____ ➡ _____ ➡ _____ *end*

Start bar _____

Deco stop

End bar _____

Avg: _____

_____

Surf. time : _____

max: _____

_____

_____

Tank: _____ *Suit:* _____

Computer: _____ *Weight:* _____ ☐ = ☐ + ☐ -

NOTES

....
....
....
....
....
....
....
....
....
....
....

Dive # _____   Date: ___ / ___ / ___

Weather

Visibility:
1 □   2 □   3 □   4 □   5 □
□   □   □   □   □   □

Location: _____

Site: _____

Buddy: _____

□ Recreational
□ Didactic

Start: _____ → _____ → _____ end

Start bar _____

Deco stop

_____

_____

End bar _____

Surf. time : _____

Avg: _____

max: _____

_____

Tank: _____   Suit: _____

Computer: _____   Weight: _____   □ =   □ +   □ -

N O T E S

....
....
....
....
....
....
....
....
....
....

Dive # _____   **Date:** _____ / _____ / _____

Weather

Visibility:
☐1   ☐2   ☐3   ☐4   ☐5

☐   ☐   ☐   ☐   ☐   ☐   🌡 _____   🚩 _____

Location: _____

Site: _____   ☐ **Recreational**

Buddy: _____   ☐ **Didactic**

Start: _____ ➡ _____ ➡ _____ **end**

Start bar _____   **End bar** _____

Deco stop

Avg: _____   **Surf. time :** _____

max: _____

Tank: _____   **Suit:** _____

Computer: _____   **Weight:** _____   ☐ =   ☐ +   ☐ -

NOTES

....
....
....
....
....
....
....
....
....
....

Dive # _____   **Date:** ___ / ___ / _____

Weather

Visibility: ☐1 ☐2 ☐3 ☐4 ☐5 _____

☐ ☐ ☐ ☐ ☐ ☐ ● _____ ⚑ _____

Location: _____

Site: _____   ☐ **Recreational**

Buddy: _____   ☐ **Didactic**

Start: _____ ➡ _____ ➡ _____ **end**

Start bar _____   **End bar** _____

Deco stop

Avg: _____   **Surf. time :** _____

_____

max: _____   _____   _____

Tank: _____   **Suit:** _____

Computer: _____   **Weight:** _____   ☐ =   ☐ +   ☐ -

N O T E S

....
....
....
....
....
....
....
....
....
....

Dive # _____   Date: _____ / _____ / _____

Weather

Visibility:
☐ 1   ☐ 2   ☐ 3   ☐ 4   ☐ 5

☐   ☐   ☐   ☐   ☐   ☐   🌡 _____   ⚑ _____

Location: _____

Site: _____   ☐ Recreational

Buddy: _____   ☐ Didactic

Start: _____ ➤ _____ ➤ _____ end

Start bar _____

Deco stop _____

End bar _____

Avg: _____

Surf. time : _____

max: _____

Tank: _____   Suit: _____

Computer: _____   Weight: _____   ☐ =   ☐ +   ☐ -

NOTES

....
....
....
....
....
....
....
....
....
....

Dive # _____   **Date:** ____ / ____ / ____

Weather

Visibility:

☐ 1   ☐ 2   ☐ 3   ☐ 4   ☐ 5

☐   ☐   ☐   ☐   ☐   ☐

Location: _____

Site: _____

Buddy: _____

☐ Recreational
☐ Didactic

Start: _____ ➜ _____ ➜ _____ **end**

Start bar _____

Avg: _____

max: _____

Deco stop
_____
_____
_____

End bar _____

Surf. time : _____

_____

Tank: _____   **Suit:** _____

Computer: _____   **Weight:** _____   ☐ =   ☐ +   ☐ -

N O T E S

....
....
....
....
....
....
....
....
....

Dive # _____   **Date:** ____ / ____ / ____

Weather

Visibility: ☐ 1   ☐ 2   ☐ 3   ☐ 4   ☐ 5   _____

☐   ☐   ☐   ☐   ☐   ☐   🌡 _____   🚩 _____

Location: _____

Site: _____   ☐ **Recreational**

Buddy: _____   ☐ **Didactic**

Start: _____ ➜ _____ ➜ _____ **end**

Start bar _____

Deco stop

Avg: _____

max: _____

End bar _____

Surf. time : _____

Tank: _____   **Suit:** _____

Computer: _____   **Weight:** _____   ☐ =   ☐ +   ☐ -

NOTES

....
....
....
....
....
....
....
....
....
....
....

Dive # _____   **Date:** ___ / ___ / ___

Weather

Visibility:

☐ 1   ☐ 2   ☐ 3   ☐ 4   ☐ 5

☐   ☐   ☐   ☐   ☐   ☐   ___   ___

Location: _____

Site: _____   ☐ **Recreational**

Buddy: _____   ☐ **Didactic**

Start: _____ ➡ _____ ➡ _____ **end**

Start bar _____   **End bar** _____

Deco stop

Avg: _____   **Surf. time :** _____

max: _____

Tank: _____   **Suit:** _____

Computer: _____   **Weight:** _____   ☐ =   ☐ +   ☐ -

N O T E S

....

....

....

....

....

....

....

....

....

Dive # _____   Date: ___ / ___ / _____

Weather

Visibility:

☐ 1 ☐ 2 ☐ 3 ☐ 4 ☐ 5

☐ ☐ ☐ ☐ ☐ ☐ 🌡️ _____ 🚩 _____

Location: _____

Site: _____   ☐ Recreational
Buddy: _____   ☐ Didactic

Start: _____ ➡️ _____ ➡️ _____ end

Start bar _____   End bar _____

Deco stop

Avg: _____   Surf. time : _____

max: _____

Tank: _____   Suit: _____

Computer: _____   Weight: _____   ☐ = ☐ + ☐ -

NOTES

....
....
....
....
....
....
....
....
....
....
....

Dive # _____   **Date:** ___ / ___ / _____

Weather

Visibility:
☐1   ☐2   ☐3   ☐4   ☐5

☐   ☐   ☐   ☐   ☐   ☐   🌡 _____   🚩 _____

Location: _____

Site: _____   ☐ **Recreational**

Buddy: _____   ☐ **Didactic**

Start: _____ ➡ _____ ➡ _____ **end**

Start bar _____   **End bar** _____

Deco stop

Avg: _____   _____   **Surf. time :** _____

max: _____   _____

Tank: _____   **Suit:** _____

Computer: _____   **Weight:** _____   ☐ =   ☐ +   ☐ -

NOTES

....
....
....
....
....
....
....
....
....

Dive # _____   **Date:** ____ / ____ / ____

Weather

Visibility:
1   2   3   4   5

Visibility:

Location: _____

Site: _____   ☐ **Recreational**

Buddy: _____   ☐ **Didactic**

Start: _____ ➔ _____ ➔ _____ **end**

Start bar _____

Deco stop

End bar _____

Avg: _____   _____   **Surf. time :** _____

max: _____   _____

Tank: _____   **Suit:** _____

Computer: _____   **Weight:** _____   ☐ =   ☐ +   ☐ -

N O T E S

....
....
....
....
....
....
....
....
....
....
....
....

Dive # _____   **Date:** ___ / ___ / ___

Weather

Visibility:
☐ 1 ☐ 2 ☐ 3 ☐ 4 ☐ 5 _____

☐ ☐ ☐ ☐ ☐ ☐ _____

Location: _____

Site: _____

Buddy: _____

☐ **Recreational**
☐ **Didactic**

Start: _____ ➜ _____ ➜ _____ **end**

Start bar _____

Deco stop

End bar _____

Avg: _____

Surf. time : _____

max: _____

Tank: _____   **Suit:** _____

Computer: _____   **Weight:** _____   ☐ = ☐ + ☐ -

NOTES

....
....
....
....
....
....
....
....
....
....

Dive # _____   *Date:* ___ / ___ / _____

Weather

Visibility:

☐ 1   ☐ 2   ☐ 3   ☐ 4   ☐ 5

☐   ☐   ☐   ☐   ☐   ☐   🌡 _____   🚩 _____

Location: _____

Site: _____   ☐ **Recreational**

Buddy: _____   ☐ **Didactic**

Start: _____ ➡ _____ ➡ _____   *end*

Start bar _____   **End bar** _____

Deco stop

Avg: _____   _____   **Surf. time :** _____

max: _____   _____

Tank: _____   **Suit:** _____

Computer: _____   **Weight:** _____   ☐ =   ☐ +   ☐ -

N O T E S

....
....
....
....
....
....
....
....
....
....

Dive # _____   **Date:** ____ **/** ____ **/** ____

Weather

Visibility: 1 ▢   2 ▢   3 ▢   4 ▢   5 ▢

☀ ▢   ☁ ▢   ⛅ ▢   🌦 ▢   🌧 ▢   🌨 ▢   🌡 _____   ⚑ _____

Location: _____

Site: _____   ▢ **Recreational**

Buddy: _____   ▢ **Didactic**

Start: _____ ➤ _____ ➤ _____ **end**

Start bar _____   **End bar** _____

Deco stop   **Surf. time :** _____

Avg: _____   _____

max: _____   _____

Tank: _____   **Suit:** _____

Computer: _____   **Weight:** _____   ▢ =   ▢ +   ▢ -

N O T E S

....
....
....
....
....
....
....
....
....
....

Dive # _____   **Date:** ___ / ___ / ___

Weather

Visibility:

☐ 1   ☐ 2   ☐ 3   ☐ 4   ☐ 5

☐   ☐   ☐   ☐   ☐   ☐   🌡 _____   🚩 _____

Location: _____

Site: _____   ☐ **Recreational**

Buddy: _____   ☐ **Didactic**

Start: _____ ➡ _____ ➡ _____ **end**

Start bar _____

Deco stop

End bar _____

Avg: _____   _____   **Surf. time :** _____

max: _____   _____

Tank: _____   **Suit:** _____

Computer: _____   **Weight:** _____   ☐ =   ☐ +   ☐ -

NOTES

_____
_____
_____
_____
_____
_____
_____
_____
_____
_____

Dive # _____   *Date:* _____ / _____ / _____

Weather

Visibility: □ 1   □ 2   □ 3   □ 4   □ 5   _____

□   □   □   □   □   □   🌡 _____   🚩 _____

Location: _____

Site: _____   □ **Recreational**

Buddy: _____   □ **Didactic**

Start: _____ ➡ _____ ➡ _____ *end*

Start bar _____

Deco stop

_____

Avg: _____

_____

max: _____

_____

End bar _____

Surf. time : _____

Tank: _____   *Suit:* _____

Computer: _____   *Weight:* _____   □ =   □ +   □ -

N O T E S

....
....
....
....
....
....
....
....
....
....

Dive # _____   **Date:** ____ / ____ / _____

Weather

Visibility:

☐1 ☐2 ☐3 ☐4 ☐5

☐ ☐ ☐ ☐ ☐ ☐

Location: _____

Site: _____   ☐ **Recreational**

Buddy: _____   ☐ **Didactic**

Start: _____ ➤ _____ ➤ _____ **end**

Start bar _____   **Deco stop**   **End bar** _____

Avg: _____   _____   **Surf. time :** _____

max: _____

Tank: _____   **Suit:** _____

Computer: _____   **Weight:** _____   ☐ =   ☐ +   ☐ -

N O T E S

....
....
....
....
....
....
....
....
....
....

Dive # _____   Date: _____ / _____ / _____

Weather

Visibility:

☐ 1   ☐ 2   ☐ 3   ☐ 4   ☐ 5

☐   ☐   ☐   ☐   ☐   ☐

Location: _____

Site: _____

Buddy: _____

☐ Recreational
☐ Didactic

Start: _____ ➡ _____ ➡ _____ end

Start bar _____

Avg: _____

max: _____

Deco stop

_____

_____

End bar _____

Surf. time : _____

_____

Tank: _____   Suit: _____

Computer: _____   Weight: _____   ☐ =   ☐ +   ☐ -

NOTES

....
....
....
....
....
....
....
....
....
....

Dive # _____   Date: ___ / ___ / ___

Weather

Visibility:
□ 1   □ 2   □ 3   □ 4   □ 5

□   □   □   □   □   □   🌡 _____   🚩 _____

Location: _____

Site: _____   □ Recreational

Buddy: _____   □ Didactic

Start: _____ ➡ _____ ➡ _____ end

Start bar _____   End bar _____

                    Deco stop   Surf. time : _____

Avg: _____   _____

max: _____

Tank: _____   Suit: _____

Computer: _____   Weight: _____   □ =   □ +   □ -

NOTES

....
....
....
....
....
....
....
....
....
....
....

Dive # _____   Date: __ / __ / __

Weather

Visibility: 1 ☐ 2 ☐ 3 ☐ 4 ☐ 5 ☐

☐ ☐ ☐ ☐ ☐ ☐   🌡 _____   ⚑ _____

Location: _____

Site: _____   ☐ Recreational

Buddy: _____   ☐ Didactic

Start: _____ ➡ _____ ➡ _____ end

Start bar _____

Deco stop

Avg: _____

max: _____

End bar _____

Surf. time : _____

Tank: _____   Suit: _____

Computer: _____   Weight: _____   ☐ =   ☐ +   ☐ -

NOTES

....
....
....
....
....
....
....
....
....

Dive # _____   Date: _____ / _____ / _____

Weather

Visibility:
☐ 1 ☐ 2 ☐ 3 ☐ 4 ☐ 5

☐ ☐ ☐ ☐ ☐ ☐

Location: _____

Site: _____   ☐ **Recreational**

Buddy: _____   ☐ **Didactic**

Start: _____ ➡ _____ ➡ _____ end

Start bar _____

Deco stop

End bar _____

Avg: _____

Surf. time : _____

max: _____

Tank: _____   Suit: _____

Computer: _____   Weight: _____   ☐ = ☐ + ☐ -

N O T E S

_____
_____
_____
_____
_____
_____
_____
_____
_____
_____

Dive # _____   *Date:* ___ / ___ / _____

Weather

Visibility: □1 □2 □3 □4 □5 _____

□   □   □   □   □   □   🌡 _____   🚩 _____

Location: _____

Site: _____   □ **Recreational**

Buddy: _____   □ **Didactic**

Start: _____ ➡ _____ ➡ _____ *end*

Start bar _____   *End bar* _____

                    Deco stop

Avg: _____   *Surf. time :* _____

max: _____

Tank: _____   *Suit:* _____

Computer: _____ *Weight:* _____   □ =   □ +   □ -

N O T E S

....

....

....

....

....

....

....

....

....

....

Dive # _____   Date: ___ / ___ / ___

Weather

Visibility:

☐ 1   ☐ 2   ☐ 3   ☐ 4   ☐ 5

☐   ☐   ☐   ☐   ☐   ☐

Location: _____

Site: _____

Buddy: _____   ☐ Recreational

                                                     ☐ Didactic

Start: _____ ➤ _____ ➤ _____ end

Start bar _____   Deco stop   End bar _____

Avg: _____   _____   Surf. time : _____

max: _____   _____

Tank: _____   Suit: _____

Computer: _____   Weight: _____   ☐ =   ☐ +   ☐ -

N O T E S

Dive # _____ **Date:** ___ / ___ / _____

Weather

Visibility: [ ]1 [ ]2 [ ]3 [ ]4 [ ]5 _____

[ ] [ ] [ ] [ ] [ ] [ ] _____ _____

Location: _____

Site: _____

Buddy: _____

[ ] **Recreational**

[ ] **Didactic**

Start: _____ ➔ _____ ➔ _____ **end**

Start bar _____

Deco stop

_____

_____

Avg: _____

max: _____

End bar _____

Surf. time : _____

_____

Tank: _____ **Suit:** _____

Computer: _____ **Weight:** _____ [ ] = [ ] + [ ] -

NOTES

....

....

....

....

....

....

....

....

....

Dive # _____   **Date:** ____ / ____ / _____

Weather

Visibility: ☐ 1   ☐ 2   ☐ 3   ☐ 4   ☐ 5   _____

☐   ☐   ☐   ☐   ☐   ☐   🌡 _____   ⚑ _____

Location: _____

Site: _____   ☐ **Recreational**

Buddy: _____   ☐ **Didactic**

Start: _____ ➜ _____ ➜ _____ **end**

Start bar _____   **End bar** _____

Deco stop

Avg: _____   **Surf. time :** _____

max: _____

Tank: _____   **Suit:** _____

Computer: _____   **Weight:** _____   ☐ =   ☐ +   ☐ -

N O T E S

....

....

....

....

....

....

....

....

....

....

Dive # _____   **Date:** ____ / ____ / ____

Weather

Visibility: 1   2   3   4   5

☐   ☐   ☐   ☐   ☐   ☐

Location: _____

Site: _____

Buddy: _____

☐ **Recreational**

☐ **Didactic**

Start: _____ ➔ _____ ➔ _____ **end**

Start bar _____

Deco stop

Avg: _____

max: _____

End bar _____

Surf. time : _____

Tank: _____   **Suit:** _____

Computer: _____   **Weight:** _____   ☐ =   ☐ +   ☐ -

N O T E S

....
....
....
....
....
....
....
....
....

Dive # _____   *Date:* ____ / ____ / ____

Weather

Visibility:

☐ 1   ☐ 2   ☐ 3   ☐ 4   ☐ 5

☐   ☐   ☐   ☐   ☐   ☐   🌡 _____   ⚑ _____

Location: ....

Site: _____   ☐ **Recreational**

Buddy: _____   ☐ **Didactic**

Start: _____ ➜ _____ ➜ _____ *end*

Start bar _____   *End bar* _____

                    Deco stop   *Surf. time :* _____

Avg: _____   _____

max: _____   _____

Tank: _____   *Suit:* _____

Computer: _____   *Weight:* _____   ☐ =   ☐ +   ☐ -

N O T E S

Dive # _____   **Date:** _____ / _____ / _____

Weather

Visibility:
☐ 1   ☐ 2   ☐ 3   ☐ 4   ☐ 5

☐   ☐   ☐   ☐   ☐   ☐   🌡 _____   🚩 _____

Location: _____

Site: _____

Buddy: _____

☐ **Recreational**
☐ **Didactic**

Start: _____ ➡ _____ ➡ _____ **end**

Start bar _____

Deco stop

End bar _____

Avg: _____

Surf. time : _____

max: _____

Tank: _____   **Suit:** _____

Computer: _____   **Weight:** _____   ☐ =   ☐ +   ☐ -

```
NOTES
..................................................................
..................................................................
..................................................................
..................................................................
..................................................................
..................................................................
..................................................................
..................................................................
..................................................................
..................................................................
```

Dive # _____   *Date:* _____ / _____ / _____

Weather

Visibility: □ 1   □ 2   □ 3   □ 4   □ 5 _____

□   □   □   □   □   □   🌡 _____   🚩

Location: _____

Site: _____   □ *Recreational*

Buddy: _____   □ *Didactic*

Start: _____ ➡ _____ ➡ _____   *end*

Start bar _____   *End bar* _____

                    Deco stop

Avg: _____   _____   *Surf. time :* _____

max: _____   _____

Tank: _____   *Suit:* _____

Computer: _____   *Weight:* _____   □ =   □ +   □ -

N O T E S

....
....
....
....
....
....
....
....
....
....
....

Dive # _____   Date: ___/___/_____

Weather

Visibility: ☐1 ☐2 ☐3 ☐4 ☐5 _____

☐ ☐ ☐ ☐ ☐ ☐   🌡 _____   🚩 _____

Location: _____

Site: _____   ☐ Recreational

Buddy: _____   ☐ Didactic

Start: _____ ➡ _____ ➡ _____ end

Start bar _____   End bar _____

Deco stop

Avg: _____   Surf. time : _____

max: _____   _____

Tank: _____ Suit: _____

Computer: _____ Weight: _____   ☐ = ☐ + ☐ -

NOTES

....
....
....
....
....
....
....
....
....

Dive # _____   *Date:* ____ / ____ / ____

Weather

Visibility: ☐ 1   ☐ 2   ☐ 3   ☐ 4   ☐ 5   _____

☐ ☀   ☐ ⛅   ☐ 🌤   ☐ 🌦   ☐ 🌧   ☐ 🌨   🌡 _____   🚩 _____

Location: _____

Site: _____   ☐ *Recreational*

Buddy: _____   ☐ *Didactic*

Start: _____ ➜ _____ ➜ _____ *end*

Start bar _____

Avg: _____   *Deco stop*   *End bar* _____

max: _____   _____   *Surf. time :* _____

_____

Tank: _____   *Suit:* _____

Computer: _____   *Weight:* _____   ☐ =   ☐ +   ☐ -

N O T E S

....
....
....
....
....
....
....
....
....
....
....

Dive # _____   **Date:** ___ / ___ / ___

Weather

Visibility: ☐1 ☐2 ☐3 ☐4 ☐5 _____

☐ ☐ ☐ ☐ ☐ ☐ _____ _____

Location: _____

Site: _____

Buddy: _____

☐ Recreational
☐ Didactic

Start: _____ ➤ _____ ➤ _____ **end**

Start bar _____

Deco stop
_____
_____

End bar _____

Surf. time : _____
_____

Avg: _____

max: _____

Tank: _____   **Suit:** _____

Computer: _____   **Weight:** _____   ☐ =   ☐ +   ☐ -

NOTES

....
....
....
....
....
....
....
....
....
....

Dive # _____   **Date:** ___ / ___ / _____

Weather

Visibility:
☐ 1 ☐ 2 ☐ 3 ☐ 4 ☐ 5

☐ ☀️ ☐ ⛅ ☐ 🌤️ ☐ 🌦️ ☐ 🌧️ ☐ 🌨️ 🌡️ _____ 🚩 _____

Location: _____

Site: _____   ☐ **Recreational**

Buddy: _____   ☐ **Didactic**

Start: _____ ➜ _____ ➜ _____ **end**

Start bar _____

Avg: _____

max: _____

Deco stop _____ _____

End bar _____

Surf. time : _____

Tank: _____   **Suit:** _____

Computer: _____   **Weight:** _____   ☐ = ☐ + ☐ -

NOTES

_____
_____
_____
_____
_____
_____
_____
_____
_____

Dive # _____   *Date:* ___ / ___ / _____

Weather

Visibility:
☐ 1   ☐ 2   ☐ 3   ☐ 4   ☐ 5
_____

☐   ☐   ☐   ☐   ☐   ☐   🌡️ _____   🚩 _____

Location: _____

Site: _____

Buddy: _____

☐ *Recreational*
☐ *Didactic*

Start: _____ ➡️ _____ ➡️ _____ *end*

Start bar _____

Deco stop

End bar _____

Avg: _____

_____

Surf. time : _____

max: _____

_____

_____

Tank: _____   *Suit:* _____

Computer: _____   *Weight:* _____   ☐ =   ☐ +   ☐ -

N O T E S

....
....
....
....
....
....
....
....
....
....

Dive # _____   **Date:** ___ / ___ / ___

Weather

☐ 1 ☐ 2 ☐ 3 ☐ 4 ☐ 5

Visibility: [_____] _____

☀ ☐   ⛅ ☐   🌤 ☐   🌦 ☐   🌧 ☐   🌨 ☐   🌡 ____   🚩 ____

Location: _____

Site: _____   ☐ **Recreational**

Buddy: _____   ☐ **Didactic**

Start: _____ ➜ _____ ➜ _____ **end**

Start bar _____   **End bar** _____

Avg: _____   **Deco stop**   **Surf. time :** _____

max: _____   _____

_____

Tank: _____   **Suit:** _____

Computer: _____   **Weight:** _____   ☐ =   ☐ +   ☐ -

NOTES

....
....
....
....
....
....
....
....
....
....
....
....

Dive # _____   **Date:** ___ / ___ / ___

Weather

Visibility:

☐ 1   ☐ 2   ☐ 3   ☐ 4   ☐ 5   _____

☐   ☐   ☐   ☐   ☐   ☐   🌡 _____   🚩 _____

Location: _____

Site: _____

Buddy: _____

☐ Recreational
☐ Didactic

Start: _____ ➔ _____ ➔ _____ **end**

Start bar _____

Avg: _____

max: _____

Deco stop
_____
_____
_____

End bar _____

Surf. time : _____

_____

Tank: _____   **Suit:** _____

Computer: _____   **Weight:** _____   ☐ =   ☐ +   ☐ -

NOTES

....
....
....
....
....
....
....
....
....

Dive # _____   **Date:** ___/___/_____

Weather

Visibility:

☐ 1   ☐ 2   ☐ 3   ☐ 4   ☐ 5

☐   ☐   ☐   ☐   ☐   ☐   🌡 _____   🚩 _____

Location: _____

Site: _____   ☐ **Recreational**

Buddy: _____   ☐ **Didactic**

Start: _____ ➔ _____ ➔ _____   **end**

Start bar _____   **End bar** _____

Deco stop

Avg: _____   _____   **Surf. time :** _____

max: _____   _____

Tank: _____   **Suit:** _____

Computer: _____   **Weight:** _____   ☐ =   ☐ +   ☐ -

N O T E S

....
....
....
....
....
....
....
....
....
....

Dive # _____   **Date:** ___ / ___ / _____

Weather

Visibility:

☐1   ☐2   ☐3   ☐4   ☐5

☐   ☐   ☐   ☐   ☐   ☐   _____   _____

Location: _____

Site: _____   ☐ **Recreational**

Buddy: _____   ☐ **Didactic**

Start: _____ ➔ _____ ➔ _____ **end**

Start bar _____   **End bar** _____

Deco stop

Avg: _____   _____   **Surf. time :** _____

max: _____   _____

Tank: _____   **Suit:** _____

Computer: _____   **Weight:** _____   ☐ =   ☐ +   ☐ -

N O T E S

....
....
....
....
....
....
....
....
....
....

Dive # _____   **Date:** ___ / ___ / ___

Weather

Visibility:

☐ 1   ☐ 2   ☐ 3   ☐ 4   ☐ 5

☐   ☐   ☐   ☐   ☐   ☐

Location: _____

Site: _____   ☐ **Recreational**

Buddy: _____   ☐ **Didactic**

Start: _____ ➝ _____ ➝ _____ **end**

Start bar _____

Deco stop

Avg: _____

max: _____

End bar _____

Surf. time : _____

Tank: _____   **Suit:** _____

Computer: _____   **Weight:** _____   ☐ =   ☐ +   ☐ -

N O T E S

_____
_____
_____
_____
_____
_____
_____
_____
_____
_____

Dive # _____   **Date:** __/__/_____

Weather

Visibility: □1 □2 □3 □4 □5 _____

□ □ □ □ □ □ 🌡 _____ 🚩 _____

Location: _____

Site: _____   □ **Recreational**

Buddy: _____   □ **Didactic**

Start: _____ ➡ _____ ➡ _____ **end**

Start bar _____   **End bar** _____

Deco stop

Avg: _____   _____   **Surf. time :** _____

max: _____   _____

Tank: _____   **Suit:** _____

Computer: _____   **Weight:** _____   □ =   □ +   □ -

NOTES

....
....
....
....
....
....
....
....
....
....

Dive # _____   **Date:** ___ / ___ / _____

Weather

□ 1   □ 2   □ 3   □ 4   □ 5

Visibility: [_____] _____

□   □   □   □   □   □   🌡 _____   🚩 _____

Location: _____

Site: _____   □ **Recreational**

Buddy: _____   □ **Didactic**

Start: _____ ➡ _____ ➡ _____ **end**

Start bar _____   **End bar** _____

Deco stop

Avg: _____   **Surf. time :** _____

max: _____

Tank: _____   **Suit:** _____

Computer: _____   **Weight:** _____   □ =   □ +   □ -

NOTES

....
....
....
....
....
....
....
....
....
....
....

Dive # _____   **Date:** ____ / ____ / ____

Weather

Visibility:
☐ 1   ☐ 2   ☐ 3   ☐ 4   ☐ 5   _____

☐   ☐   ☐   ☐   ☐   ☐   _____   _____

Location: _____

Site: _____

Buddy: _____

☐ **Recreational**
☐ **Didactic**

Start: _____ ➜ _____ ➜ _____ **end**

Start bar _____

Deco stop
_____
_____

End bar _____

Avg: _____

max: _____

Surf. time : _____

Tank: _____   **Suit:** _____

Computer: _____   **Weight:** _____   ☐ =   ☐ +   ☐ -

NOTES

....
....
....
....
....
....
....
....
....

Dive # _____   **Date:** ____ / ____ / _____

Weather

Visibility:

☐ 1   ☐ 2   ☐ 3   ☐ 4   ☐ 5

☐   ☐   ☐   ☐   ☐   ☐   🌡 _____   🚩 _____

Location: _____

Site: _____

Buddy: _____

☐ **Recreational**
☐ **Didactic**

Start: _____ ➡ _____ ➡ _____ **end**

Start bar _____

Deco stop

End bar _____

Avg: _____

_____

Surf. time : _____

max: _____

_____

Tank: _____   **Suit:** _____

Computer: _____   **Weight:** _____   ☐ =   ☐ +   ☐ -

N O T E S

....
....
....
....
....
....
....
....
....
....
....

Dive # _____   Date: ___ / ___ / _____

Weather

Visibility:

□ 1   □ 2   □ 3   □ 4   □ 5

□   □   □   □   □   □   ☀ _____   ⚑ _____

Location: _____

Site: _____

Buddy: _____

□ Recreational
□ Didactic

Start: _____ ➡ _____ ➡ _____ end

Start bar _____

Avg: _____

max: _____

Deco stop

_____

_____

End bar _____

Surf. time : _____

Tank: _____   Suit: _____

Computer: _____   Weight: _____   □ =   □ +   □ -

N O T E S

....
....
....
....
....
....
....
....
....

Dive # _____   **Date:** ___ / ___ / _____

Weather

Visibility: ☐1 ☐2 ☐3 ☐4 ☐5

☐ ☐ ☐ ☐ ☐ ☐   🌡 _____   🚩 _____

Location: _____

Site: _____   ☐ **Recreational**

Buddy: _____   ☐ **Didactic**

Start: _____ ➡ _____ ➡ _____ **end**

Start bar _____   **Deco stop**   **End bar** _____

Avg: _____   **Surf. time :** _____

max: _____

Tank: _____   **Suit:** _____

Computer: _____   **Weight:** _____   ☐ =   ☐ +   ☐ -

NOTES

Dive # _____   **Date:** _____ / _____ / _____

Weather

Visibility: □1 □2 □3 □4 □5 _____

□ □ □ □ □ □ 🌡 _____ ⚑ _____

Location: _____

Site: _____   □ **Recreational**

Buddy: _____   □ **Didactic**

Start: _____ ➜ _____ ➜ _____ **end**

Start bar _____

Deco stop

Avg: _____   _____

max: _____   _____

End bar _____

Surf. time : _____

Tank: _____   **Suit:** _____

Computer: _____   **Weight:** _____   □ =   □ +   □ -

```
              N O T E S
.............................................................
.............................................................
.............................................................
.............................................................
.............................................................
.............................................................
.............................................................
.............................................................
.............................................................
.............................................................
```

Dive # _____ **Date:** ____ / ____ / ____

Weather

Visibility:
☐ 1 ☐ 2 ☐ 3 ☐ 4 ☐ 5

☐ ☐ ☐ ☐ ☐ ☐

Location: _____

Site: _____

☐ **Recreational**

Buddy: _____

☐ **Didactic**

Start: _____ ➜ _____ ➜ _____ **end**

Start bar _____

Deco stop

End bar _____

Avg: _____

_____

Surf. time : _____

max: _____

_____

Tank: _____ **Suit:** _____

Computer: _____ **Weight:** _____ ☐ = ☐ + ☐ -

N O T E S

....
....
....
....
....
....
....
....
....
....
....
....

Dive # _____   **Date:** ___ / ___ / _____

Weather

Visibility:
☐1 ☐2 ☐3 ☐4 ☐5

☐ ☐ ☐ ☐ ☐ ☐

Location: _____

Site: _____

Buddy: _____

☐ **Recreational**
☐ **Didactic**

Start: _____ ➡ _____ ➡ _____ **end**

Start bar _____

Deco stop

End bar _____

Avg: _____

Surf. time : _____

max: _____

Tank: _____ **Suit:** _____

Computer: _____ **Weight:** _____   ☐ =   ☐ +   ☐ -

NOTES

....
....
....
....
....
....
....
....
....
....

Dive # _____   **Date:** _____ / _____ / _____

Weather

Visibility:

☐ 1   ☐ 2   ☐ 3   ☐ 4   ☐ 5

☐   ☐   ☐   ☐   ☐   ☐   🌡 _____   🚩 _____

Location: _____

Site: _____   ☐ **Recreational**

Buddy: _____   ☐ **Didactic**

Start: _____ ➡ _____ ➡ _____ **end**

Start bar _____

Deco stop

Avg: _____

max: _____

End bar _____

Surf. time : _____

Tank: _____   **Suit:** _____

Computer: _____   **Weight:** _____   ☐ =   ☐ +   ☐ -

NOTES

....
....
....
....
....
....
....
....
....
....

Dive # _____   **Date:** _____ / _____ / _____

Weather

Visibility:

☐ 1 ☐ 2 ☐ 3 ☐ 4 ☐ 5 _____

☐ ☐ ☐ ☐ ☐ ☐ 🌡 _____ 🚩 _____

Location: _____

Site: _____

Buddy: _____

☐ **Recreational**
☐ **Didactic**

Start: _____ ➔ _____ ➔ _____ **end**

Start bar _____

Deco stop

End bar _____

Avg: _____   _____   **Surf. time :** _____

max: _____   _____   _____

Tank: _____   **Suit:** _____

Computer: _____   **Weight:** _____   ☐ =   ☐ +   ☐ -

NOTES

....
....
....
....
....
....
....
....
....

Dive # _____   Date: ___ / ___ / _____

Weather

Visibility: [1] [2] [3] [4] [5]

☐ ☐ ☐ ☐ ☐ ☐

Location: _____

Site: _____   ☐ Recreational

Buddy: _____   ☐ Didactic

Start: _____ ➤ _____ ➤ _____ end

Start bar _____   End bar _____

          Deco stop

Avg: _____   _____   Surf. time : _____

max: _____   _____

Tank: _____   Suit: _____

Computer: _____   Weight: _____   ☐ =   ☐ +   ☐ -

NOTES

_____
_____
_____
_____
_____
_____
_____
_____
_____

Dive # _____   **Date:** ___ / ___ / _____

Weather

Visibility:

☐ 1   ☐ 2   ☐ 3   ☐ 4   ☐ 5

_____

☐   ☐   ☐   ☐   ☐   ☐   _____   _____

Location: _____

Site: _____   ☐ **Recreational**

Buddy: _____   ☐ **Didactic**

Start: _____ ➡ _____ ➡ _____ **end**

Start bar _____   **Deco stop**   **End bar** _____

Avg: _____   _____   **Surf. time :** _____

max: _____   _____

Tank: _____   **Suit:** _____

Computer: _____   **Weight:** _____   ☐ =   ☐ +   ☐ -

NOTES

....

....

....

....

....

....

....

....

....

....

Dive # _____   **Date:** _____ / _____ / _____

Weather

Visibility:

☐ 1   ☐ 2   ☐ 3   ☐ 4   ☐ 5

☐   ☐   ☐   ☐   ☐   ☐   🌡 _____   🚩 _____

Location: _____

Site: _____   ☐ **Recreational**

Buddy: _____   ☐ **Didactic**

Start: _____ ➜ _____ ➜ _____ *end*

Start bar _____   **Deco stop**   *End bar* _____

Avg: _____   _____   *Surf. time :* _____

max: _____   _____

Tank: _____   *Suit:* _____

Computer: _____   *Weight:* _____   ☐ =   ☐ +   ☐ -

N O T E S

....
....
....
....
....
....
....
....
....
....
....

Dive # _____   **Date:** ____ / ____ / ____

Weather

Visibility: 1 2 3 4 5 _____

Location: _____

Site: _____

☐ **Recreational**

Buddy: _____

☐ **Didactic**

Start: _____ ➡ _____ ➡ _____ *end*

Start bar _____

Deco stop

End bar _____

Avg: _____ _____ *Surf. time :* _____

max: _____ _____ _____

Tank: _____   *Suit:* _____

Computer: _____   *Weight:* _____   ☐ =   ☐ +   ☐ -

N O T E S

....
....
....
....
....
....
....
....
....

Dive # _____   *Date:* ___ / ___ / ___

Weather

Visibility:
☐ 1   ☐ 2   ☐ 3   ☐ 4   ☐ 5

☐   ☐   ☐   ☐   ☐   ☐   🌡 _____   🚩 _____

Location: _____

Site: _____   ☐ **Recreational**

Buddy: _____   ☐ **Didactic**

Start: _____ ➡ _____ ➡ _____ *end*

Start bar _____   *End bar* _____

Deco stop

Avg: _____   *Surf. time :* _____

max: _____

Tank: _____   *Suit:* _____

Computer: _____   *Weight:* _____   ☐ =   ☐ +   ☐ -

N O T E S

Dive # _____   **Date:** ___ / ___ / _____

Weather

Visibility: □1   □2   □3   □4   □5 _____

□   □   □   □   □   □   _____   _____

Location: _____

Site: _____   □ **Recreational**

Buddy: _____   □ **Didactic**

Start: _____ ➜ _____ ➜ _____ **end**

Start bar _____   **Deco stop**   **End bar** _____

Avg: _____   _____   **Surf. time :** _____

max: _____   _____   _____

Tank: _____   **Suit:** _____

Computer: _____ **Weight:** _____   □ =   □ +   □ -

NOTES
....
....
....
....
....
....
....
....
....

Dive # _____   **Date:** ____ / ____ / ____

Weather

Visibility:

☐ 1   ☐ 2   ☐ 3   ☐ 4   ☐ 5

☐   ☐   ☐   ☐   ☐   ☐

Location: _____

Site: _____

Buddy: _____

☐ **Recreational**

☐ **Didactic**

Start: _____ ➜ _____ ➜ _____ **end**

Start bar _____

Deco stop

Avg: _____

max: _____

End bar _____

Surf. time : _____

Tank: _____ **Suit:** _____

Computer: _____ **Weight:** _____ ☐ = ☐ + ☐ -

NOTES

....
....
....
....
....
....
....
....
....
....
....

Dive # _____   **Date:** ___ / ___ / ___

Weather

Visibility: □ 1   □ 2   □ 3   □ 4   □ 5

□   □   □   □   □   □

Location: _____

Site: _____   □ **Recreational**

Buddy: _____   □ **Didactic**

Start: _____ ➡ _____ ➡ _____ **end**

Start bar _____   **End bar** _____

Deco stop

Avg: _____   **Surf. time :** _____

max: _____

Tank: _____   **Suit:** _____

Computer: _____   **Weight:** _____   □ =   □ +   □ -

N O T E S

....
....
....
....
....
....
....
....
....

Dive # _____   Date: ____ / ____ / ____

Weather

Visibility:

☐ 1   ☐ 2   ☐ 3   ☐ 4   ☐ 5

☐   ☐   ☐   ☐   ☐   ☐   🌡 _____   🚩 _____

Location: _____

Site: _____   ☐ Recreational

Buddy: _____   ☐ Didactic

Start: _____ ➤ _____ ➤ _____ **end**

Start bar _____   **End bar** _____

Deco stop

Avg: _____   **Surf. time :** _____

max: _____

Tank: _____   **Suit:** _____

Computer: _____   **Weight:** _____   ☐ =   ☐ +   ☐ -

N O T E S

....
....
....
....
....
....
....
....
....
....
....

Dive # _____   Date: _____ / _____ / _____

Weather

Visibility:

☐ 1   ☐ 2   ☐ 3   ☐ 4   ☐ 5

☐   ☐   ☐   ☐   ☐   ☐

Location: _____

Site: _____

Buddy: _____

☐ Recreational
☐ Didactic

Start: _____ ➜ _____ ➜ _____ end

Start bar _____

Deco stop

End bar _____

Avg: _____

_____

Surf. time : _____

max: _____

_____

_____

Tank: _____   Suit: _____

Computer: _____   Weight: _____   ☐ =   ☐ +   ☐ -

NOTES

....
....
....
....
....
....
....
....
....
....

Dive # _____   Date: ___ / ___ / _____

Weather

Visibility: □ 1 □ 2 □ 3 □ 4 □ 5 _____

□ □ □ □ □ □   🌡 _____   🚩 _____

Location: _____

Site: _____   □ Recreational
Buddy: _____   □ Didactic

Start: _____ ➔ _____ ➔ _____ end

Start bar _____   Deco stop   End bar _____

Avg: _____   _____   Surf. time : _____

max: _____   _____

Tank: _____   Suit: _____

Computer: _____   Weight: _____   □ =   □ +   □ -

NOTES

....
....
....
....
....
....
....
....
....
....
....

Dive # ______ Date: / /

Weather

Visibility: ☐ 1 ☐ 2 ☐ 3 ☐ 4 ☐ 5

☐ ☐ ☐ ☐ ☐ ☐

Location:

Site:

Buddy:

☐ Recreational

☐ Didactic

Start: → → end

Start bar

Deco stop

End bar

Surf. time :

Avg:

max:

Tank:

Suit:

Computer:

Weight:

☐ = ☐ + ☐ -

NOTES

Dive # _____   **Date:** _____ **/** _____ **/** _____

Weather

Visibility:

☐ 1   ☐ 2   ☐ 3   ☐ 4   ☐ 5

☐   ☐   ☐   ☐   ☐   ☐   🌡 _____   ⚑ _____

Location: _____

Site: _____   ☐ **Recreational**

Buddy: _____   ☐ **Didactic**

Start: _____ ➡ _____ ➡ _____ **end**

Start bar _____   *End bar* _____

Deco stop

Avg: _____   *Surf. time :* _____

max: _____

Tank: _____   *Suit:* _____

Computer: _____   *Weight:* _____   ☐ =   ☐ +   ☐ -

NOTES

....
....
....
....
....
....
....
....
....
....

Dive # _____   **Date:** ___ / ___ / _____

Weather

Visibility: □1 □2 □3 □4 □5 _____

□   □   □   □   □   □   🌡 _____   ⚑ _____

Location: _____

Site: _____   □ *Recreational*

Buddy: _____   □ *Didactic*

Start: _____ ➜ _____ ➜ _____ *end*

Start bar _____   *End bar* _____

Deco stop

Avg: _____   _____   *Surf. time :* _____

max: _____   _____   _____

Tank: _____   **Suit:** _____

Computer: _____   **Weight:** _____   □ =   □ +   □ -

N O T E S
....
....
....
....
....
....
....
....
....

Dive # _____   Date: ___/___/_____

Weather

Visibility: ☐ 1   ☐ 2   ☐ 3   ☐ 4   ☐ 5   _____

☐   ☐   ☐   ☐   ☐   ☐   🌡 _____   🚩 _____

Location: _____

Site: _____   ☐ Recreational

Buddy: _____   ☐ Didactic

Start: _____ ➡ _____ ➡ _____ end

Start bar _____   End bar _____

Deco stop

Avg: _____   Surf. time : _____

max: _____   _____

Tank: _____   Suit: _____

Computer: _____   Weight: _____   ☐ =   ☐ +   ☐ -

NOTES

....
....
....
....
....
....
....
....
....
....
....

Dive # _____   **Date:** ___ / ___ / ___

Weather

Visibility:

☐ 1   ☐ 2   ☐ 3   ☐ 4   ☐ 5

☐   ☐   ☐   ☐   ☐   ☐   🌡 _____   🚩 _____

Location: _____

Site: _____

Buddy: _____

☐ **Recreational**
☐ **Didactic**

Start: _____ ➡ _____ ➡ _____ **end**

Start bar _____

Avg: _____

max: _____

Deco stop
_____
_____

End bar _____

Surf. time : _____

Tank: _____   **Suit:** _____

Computer: _____   **Weight:** _____   ☐ =   ☐ +   ☐ -

N O T E S

....
....
....
....
....
....
....
....
....

Dive # _____ **Date:** ___ **/** ___ **/** _____

Weather

Visibility:

☐ 1   ☐ 2   ☐ 3   ☐ 4   ☐ 5

☐   ☐   ☐   ☐   ☐   ☐   🌡 _____   🚩 _____

Location: _____

Site: _____

☐ **Recreational**

Buddy: _____

☐ **Didactic**

Start: _____ ➡ _____ ➡ _____ **end**

Start bar _____

Deco stop
_____
_____
_____

End bar _____

Avg: _____

Surf. time : _____

max: _____

Tank: _____   **Suit:** _____

Computer: _____   **Weight:** _____   ☐ =   ☐ +   ☐ -

N O T E S
....
....
....
....
....
....
....
....
....
....

Dive # _____   Date: ___ / ___ / _____

Weather

Visibility:
☐ 1 ☐ 2 ☐ 3 ☐ 4 ☐ 5

☐ ☐ ☐ ☐ ☐ ☐   🌡 _____   🚩 _____

Location: _____

Site: _____   ☐ Recreational

Buddy: _____   ☐ Didactic

Start: _____ ➝ _____ ➝ _____ end

Start bar _____   Deco stop   End bar _____

Avg: _____   _____   Surf. time : _____

max: _____   _____   _____

Tank: _____   Suit: _____

Computer: _____   Weight: _____   ☐ =   ☐ +   ☐ -

N O T E S

....
....
....
....
....
....
....
....
....

Dive # _____   **Date:** ___ / ___ / ___

Weather

Visibility:

1	2	3	4	5
☐	☐	☐	☐	☐

☐ ☐ ☐ ☐ ☐ ☐

Location: _____

Site: _____   ☐ **Recreational**

Buddy: _____   ☐ **Didactic**

Start: _____ ➤ _____ ➤ _____ **end**

Start bar _____   **End bar** _____

Deco stop

Avg: _____   _____   **Surf. time :** _____

max: _____   _____

Tank: _____   **Suit:** _____

Computer: _____   **Weight:** _____   ☐ =   ☐ +   ☐ -

N O T E S

....
....
....
....
....
....
....
....
....
....
....

Dive # _____   **Date:** _____ / _____ / _____

Weather

Visibility: □1   □2   □3   □4   □5 _____

□   □   □   □   □   □   _____   _____

Location: _____

Site: _____

Buddy: _____

□ **Recreational**
□ **Didactic**

Start: _____ ➡ _____ ➡ _____ **end**

Start bar _____   **Deco stop**   **End bar** _____

Avg: _____   _____   **Surf. time :** _____

max: _____   _____

Tank: _____   **Suit:** _____

Computer: _____   **Weight:** _____   □ =   □ +   □ -

NOTES

....
....
....
....
....
....
....
....
....
....

Dive # _____   **Date:** ___ / ___ / _____

Weather

Visibility:
☐ 1   ☐ 2   ☐ 3   ☐ 4   ☐ 5   _____

☐   ☐   ☐   ☐   ☐   ☐   🌡 _____   🚩 _____

Location: _____

Site: _____   ☐ **Recreational**

Buddy: _____   ☐ **Didactic**

Start: _____ ➡ _____ ➡ _____ **end**

Start bar _____

Avg: _____

max: _____

Deco stop
_____
_____
_____

End bar _____

Surf. time : _____

Tank: _____   **Suit:** _____

Computer: _____   **Weight:** _____   ☐ =   ☐ +   ☐ -

NOTES

....
....
....
....
....
....
....
....
....
....
....

Dive # _____   *Date:* ___ / ___ / _____

Weather

Visibility:

☐ 1 ☐ 2 ☐ 3 ☐ 4 ☐ 5

☐ ☐ ☐ ☐ ☐ ☐   _____   _____

Location: _____

Site: _____   ☐ *Recreational*

Buddy: _____   ☐ *Didactic*

Start: _____ ➡ _____ ➡ _____ *end*

Start bar _____   *End bar* _____

                    Deco stop

Avg: _____   _____   *Surf. time :* _____

max: _____   _____   _____

Tank: _____   *Suit:* _____

Computer: _____   *Weight:* _____   ☐ =   ☐ +   ☐ -

N O T E S

....
....
....
....
....
....
....
....
....

Dive # _____   Date: ___/___/_____

Weather

Visibility:
☐ 1   ☐ 2   ☐ 3   ☐ 4   ☐ 5   _____

☐   ☐   ☐   ☐   ☐   ☐   🌡 _____   🚩 _____

Location: _____

Site: _____   ☐ Recreational

Buddy: _____   ☐ Didactic

Start: _____ ➜ _____ ➜ _____   end

Start bar _____

Deco stop

End bar _____

Avg: _____   _____   Surf. time : _____

max: _____   _____

Tank: _____   Suit: _____

Computer: _____   Weight: _____   ☐ =   ☐ +   ☐ -

NOTES

Dive # _____   Date: _____ / _____ / _____

Weather

Visibility: 1 2 3 4 5 _____

☀ ☁ ☁ 🌦 ☁ 🌨 🌡 _____ 🚩 _____

Location: _____

Site: _____

Buddy: _____

☐ Recreational
☐ Didactic

Start: _____ ➡ _____ ➡ _____ end

Start bar _____

Deco stop

End bar _____

Avg: _____ _____

Surf. time : _____

max: _____ _____

Tank: _____   Suit: _____

Computer: _____   Weight: _____   ☐ = ☐ + ☐ -

NOTES
....
....
....
....
....
....
....
....

Dive # _____   **Date:** ___ / ___ / ___

Weather

Visibility:
1   2   3   4   5

☐ ☐ ☐ ☐ ☐ ☐

Location: _____

Site: _____   ☐ **Recreational**

Buddy: _____   ☐ **Didactic**

Start: _____ ➡ _____ ➡ _____ **end**

Start bar _____

Deco stop

End bar _____

Avg: _____   **Surf. time :** _____

max: _____

Tank: _____   **Suit:** _____

Computer: _____   **Weight:** _____   ☐ =   ☐ +   ☐ -

N O T E S

Dive # _____   **Date:** _____ / _____ / _____

Weather

Visibility: ☐1 ☐2 ☐3 ☐4 ☐5

☐ ☀ ☐ ⛅ ☐ 🌤 ☐ 🌧 ☐ 🌧 ☐ 🌨 🌡 _____ 🚩 _____

Location: ....

Site: _____

Buddy: _____

☐ **Recreational**

☐ **Didactic**

Start: _____ ➜ _____ ➜ _____ **end**

Start bar _____

Deco stop

Avg: _____   _____

max: _____   _____

End bar _____

Surf. time : _____

_____

Tank: _____ **Suit:** _____

Computer: _____ **Weight:** _____   ☐ = ☐ + ☐ -

NOTES

....
....
....
....
....
....
....
....
....
....

Dive # _____   **Date:** _____ / _____ / _____

Weather

Visibility:

☐ 1   ☐ 2   ☐ 3   ☐ 4   ☐ 5

☐   ☐   ☐   ☐   ☐   ☐

Location: _____

Site: _____   ☐ **Recreational**

Buddy: _____   ☐ **Didactic**

Start: _____ ➜ _____ ➜ _____ **end**

Start bar _____   **End bar** _____

Deco stop

Avg: _____   **Surf. time :** _____

max: _____   _____

Tank: _____   **Suit:** _____

Computer: _____   **Weight:** _____   ☐ =   ☐ +   ☐ -

N O T E S

....
....
....
....
....
....
....
....
....
....

Dive # _____ Date: ___ / ___ / ___

Weather

Visibility:
□ 1 □ 2 □ 3 □ 4 □ 5

□ □ □ □ □ □   🌡 _____   🚩 _____

Location: _____

Site: _____

Buddy: _____   □ Recreational
                                                             □ Didactic

Start: _____ ➔ _____ ➔ _____ end

Start bar _____

Deco stop

End bar _____

Avg: _____

Surf. time : _____

max: _____

Tank: _____ Suit: _____

Computer: _____ Weight: _____   □ =   □ +   □ -

NOTES

....
....
....
....
....
....
....
....
....
....

Dive # _____   **Date:** ____ / ____ / ____

Weather

Visibility:

1   2   3   4   5

Location: _____

Site: _____

Buddy: _____

☐ **Recreational**
☐ **Didactic**

Start: _____ ➡ _____ ➡ _____   **end**

Start bar _____

Avg: _____

max: _____

Deco stop

_____

_____

End bar _____

Surf. time : _____

_____

Tank: _____   **Suit:** _____

Computer: _____   **Weight:** _____   ☐ =   ☐ +   ☐ -

N O T E S

....
....
....
....
....
....
....
....
....
....

Dive # _____   **Date:** ____ / ____ / _____

Weather

Visibility:

☐ 1   ☐ 2   ☐ 3   ☐ 4   ☐ 5   _____

☐   ☐   ☐   ☐   ☐   ☐   🌡️ _____   🚩 _____

Location: _____

Site: _____

Buddy: _____

☐ Recreational
☐ Didactic

Start: _____ ➡️ _____ ➡️ _____ **end**

Start bar _____   **End bar** _____

Deco stop

Avg: _____   **Surf. time :** _____

max: _____

_____   _____

Tank: _____   **Suit:** _____

Computer: _____   **Weight:** _____   ☐ =   ☐ +   ☐ -

NOTES

....
....
....
....
....
....
....
....
....
....

Dive # _____   Date: _____ / _____ / _____

Weather

Visibility:

☐ 1 ☐ 2 ☐ 3 ☐ 4 ☐ 5

☐ ☐ ☐ ☐ ☐ ☐ 🌡 _____ 🚩 _____

Location: _____

Site: _____   ☐ **Recreational**

Buddy: _____   ☐ **Didactic**

Start: _____ ➡ _____ ➡ _____ end

Start bar _____

Deco stop

End bar _____

Avg: _____

Surf. time : _____

max: _____

Tank: _____   Suit: _____

Computer: _____   Weight: _____   ☐ =   ☐ +   ☐ -

N O T E S

_____
_____
_____
_____
_____
_____
_____
_____
_____

Dive # _____   Date: / / _____

Weather

Visibility:
1 ☐ 2 ☐ 3 ☐ 4 ☐ 5 ☐

☐ ☐ ☐ ☐ ☐ ☐

🌡 _____   🚩 _____

Location: _____

Site: _____   ☐ Recreational

Buddy: _____   ☐ Didactic

Start: _____ ➜ _____ ➜ _____ end

Start bar _____   End bar _____

Deco stop

Avg: _____   _____   Surf. time : _____

max: _____   _____   _____

Tank: _____   Suit: _____

Computer: _____   Weight: _____   ☐ =   ☐ +   ☐ -

N O T E S

....
....
....
....
....
....
....
....
....

Dive # _____   **Date:** ____ / ____ / ____

Weather

Visibility: 1 2 3 4 5

☐ Recreational
☐ Didactic

Location: _____

Site: _____

Buddy: _____

Start: _____ ➡ _____ ➡ _____ **end**

Start bar _____   **End bar** _____

Deco stop

Avg: _____   **Surf. time :** _____

max: _____

Tank: _____   **Suit:** _____

Computer: _____   **Weight:** _____   ☐ =   ☐ +   ☐ -

N O T E S

....
....
....
....
....
....
....
....
....
....

Dive # _____   Date: ___ / ___ / ___

Weather

Visibility: □1   □2   □3   □4   □5 _____

□   □   □   □   □   □   🌡 _____ 🚩

Location: _____

Site: _____

Buddy: _____

□ Recreational
□ Didactic

Start: _____ ➔ _____ ➔ _____ end

Start bar _____   End bar _____

Deco stop

Avg: _____   Surf. time : _____

max: _____   _____   _____

Tank: _____   Suit: _____

Computer: _____   Weight: _____   □ =   □ +   □ -

N O T E S

....
....
....
....
....
....
....
....
....
....

Dive # _____   *Date:* ____ / ____ / ____

Weather

Visibility: ☐1 ☐2 ☐3 ☐4 ☐5 _____

☐ ☐ ☐ ☐ ☐ ☐ 🌡 _____ 🚩 _____

Location: _____

Site: _____   ☐ *Recreational*

Buddy: _____   ☐ *Didactic*

Start: _____ ➡ _____ ➡ _____ *end*

Start bar _____

Avg: _____   *Deco stop*   *End bar* _____

max: _____   _____   *Surf. time :* _____

_____

Tank: _____   *Suit:* _____

Computer: _____   *Weight:* _____   ☐ =   ☐ +   ☐ -

N O T E S

....
....
....
....
....
....
....
....
....
....

Dive # _____   Date: ___/___/_____

Weather

Visibility:
□ 1   □ 2   □ 3   □ 4   □ 5

□   □   □   □   □   □   🌡 _____   🚩 _____

Location: _____

Site: _____   □ Recreational

Buddy: _____   □ Didactic

Start: _____ ➝ _____ ➝ _____   end

Start bar _____   End bar _____

Deco stop

Avg: _____   _____   Surf. time : _____

max: _____   _____

Tank: _____   Suit: _____

Computer: _____   Weight: _____   □ =   □ +   □ -

N O T E S

....
....
....
....
....
....
....
....
....

Dive # _____   **Date:** ___ / ___ / ___

Weather

Visibility:

☐ 1   ☐ 2   ☐ 3   ☐ 4   ☐ 5

☐   ☐   ☐   ☐   ☐   ☐

Location: ....

Site: ....

Buddy: ....

☐ **Recreational**
☐ **Didactic**

Start: _____ ➡ _____ ➡ _____ **end**

Start bar _____

Deco stop

End bar _____

Avg: _____

Surf. time : _____

max: _____

Tank: _____   **Suit:** ....

Computer: _____   **Weight:** _____   ☐ =   ☐ +   ☐ -

N O T E S

....
....
....
....
....
....
....
....
....
....
....

Dive # _____   Date: ___ / ___ / _____

Weather

Visibility: 1 ☐ 2 ☐ 3 ☐ 4 ☐ 5 ☐

☐   ☐   ☐   ☐   ☐   ☐   🌡 _____   🚩 _____

Location: _____

Site: _____   ☐ Recreational

Buddy: _____   ☐ Didactic

Start: _____ ➡ _____ ➡ _____ end

Start bar _____   End bar _____

Deco stop

Avg: _____   _____   Surf. time : _____

max: _____   _____

Tank: _____   Suit: _____

Computer: _____   Weight: _____   ☐ =   ☐ +   ☐ -

NOTES

....
....
....
....
....
....
....
....
....

Dive # _____   **Date:** ___ / ___ / ___

Weather

Visibility: ☐1 ☐2 ☐3 ☐4 ☐5

☐ ☐ ☐ ☐ ☐ ☐   _____   _____

Location: _____

Site: _____   ☐ **Recreational**

Buddy: _____   ☐ **Didactic**

Start: _____ ➔ _____ ➔ _____ **end**

Start bar _____   **End bar** _____

                Deco stop

Avg: _____   _____   **Surf. time :** _____

max: _____   _____

Tank: _____   **Suit:** _____

Computer: _____   **Weight:** _____   ☐ =   ☐ +   ☐ -

N O T E S

....
....
....
....
....
....
....
....
....
....

Dive # _____   **Date:** ___ / ___ / ___

Weather

Visibility:
☐ 1   ☐ 2   ☐ 3   ☐ 4   ☐ 5
☐   ☐   ☐   ☐   ☐   ☐   🌡 _____   🚩 _____

Location: _____

Site: _____

Buddy: _____

☐ **Recreational**
☐ **Didactic**

Start: _____ ➡ _____ ➡ _____ **end**

Start bar _____

Deco stop

End bar _____

Avg: _____

max: _____

Surf. time : _____

Tank: _____   **Suit:** _____

Computer: _____   **Weight:** _____   ☐ =   ☐ +   ☐ -

N O T E S

....
....
....
....
....
....
....
....
....
....

Dive # _____   **Date:** ___ / ___ / ___

Weather

Visibility:

☐ 1   ☐ 2   ☐ 3   ☐ 4   ☐ 5

☐   ☐   ☐   ☐   ☐   ☐

🌡 _____   🚩 _____

Location: _____

Site: _____

Buddy: _____

☐ **Recreational**
☐ **Didactic**

Start: _____ ➤ _____ ➤ _____ **end**

Start bar _____

Deco stop
_____
_____
_____

Avg: _____

max: _____

End bar _____

Surf. time : _____

Tank: _____   **Suit:** _____

Computer: _____   **Weight:** _____   ☐ =   ☐ +   ☐ -

NOTES

....
....
....
....
....
....
....
....
....
....

Dive # _____   *Date:* ___ / ___ / _____

Weather

Visibility: □1 □2 □3 □4 □5 _____

□ □ □ □ □ □

Location: _____

Site: _____   □ *Recreational*

Buddy: _____   □ *Didactic*

Start: _____ ➜ _____ ➜ _____ *end*

Start bar _____   *End bar* _____

Deco stop   *Surf. time :* _____

Avg: _____   _____

max: _____   _____

Tank: _____   *Suit:* _____

Computer: _____   *Weight:* _____   □ =   □ +   □ -

N O T E S
....
....
....
....
....
....
....
....
....

Dive # _____   **Date:** _____ / _____ / _____

Weather

Visibility: 1 ☐ 2 ☐ 3 ☐ 4 ☐ 5 ☐

☐ ☐ ☐ ☐ ☐ ☐ 🌡_____ 🚩_____

Location: _____

Site: _____   ☐ **Recreational**

Buddy: _____   ☐ **Didactic**

Start: _____ ➤ _____ ➤ _____ **end**

Start bar _____

Deco stop

Avg: _____

max: _____

End bar _____

Surf. time : _____

Tank: _____   **Suit:** _____

Computer: _____   **Weight:** _____   ☐ =   ☐ +   ☐ -

NOTES

....
....
....
....
....
....
....
....
....
....

Dive # _____   **Date:** _____ / _____ / _____

Weather

Visibility:
   □ 1   □ 2   □ 3   □ 4   □ 5

□   □   □   □   □   □   _____   _____

Location: _____

Site: _____   □ **Recreational**

Buddy: _____   □ **Didactic**

Start: _____ ➡ _____ ➡ _____ **end**

Start bar _____   **Deco stop**   **End bar** _____

Avg: _____   _____   **Surf. time :** _____

max: _____   _____

Tank: _____   **Suit:** _____

Computer: _____   **Weight:** _____   □ =   □ +   □ -

N O T E S

....
....
....
....
....
....
....
....
....
....

CPSIA information can be obtained
at www.ICGtesting.com
Printed in the USA
BVHW052357301222
655318BV00013B/656